LIUSHUO ZHONGGUO YANJIUSHENG JIAOYU ZHILIANG

6说中国研究生教育质量

王战军 / 主编

WANG ZHANJUN

"数"说中国研究生教育质量

"事"说研究生教育质量

"生"说研究生教育质量

"省"说研究生教育质量

"他"说研究生教育质量

"十二五"说研究生教育质量

科学普及出版社

·北 京·

图书在版编目（CIP）数据

六说中国研究生教育质量 / 王战军主编 .—北京：科学普及出版社，2016. 11

ISBN 978-7-110-07316-2

Ⅰ. ①六… Ⅱ. ①王… Ⅲ. ①研究生教育—教育质量—研究—中国 Ⅳ. ① G643

中国版本图书馆 CIP 数据核字（2016）第 261585 号

策划编辑　王晓义
责任编辑　王晓义　蒋宵宵
装帧设计　中文天地
责任校对　杨京华
责任印制　徐　飞

出　　版　科学普及出版社
发　　行　中国科学技术出版社发行部
地　　址　北京市海淀区中关村南大街16号
邮　　编　100081
发行电话　010-62173865
传　　真　010-62179148
网　　址　http://www.cspbooks.com.cn

开　　本　850mm × 1168mm　1/32
字　　数　50千字
印　　张　1.375
版　　次　2016年11月第1版
印　　次　2016年11月第1次印刷
印　　刷　北京利丰雅高长城印刷有限公司
书　　号　ISBN 978-7-110-07316-2 / G·3962
定　　价　12.00元

（凡购买本社图书，如有缺页、倒页、脱页者，本社发行部负责调换）

编 委 会

主　编　王战军

副主编　周文辉

编　委（排序不分先后）

王晓义　李明磊　乔　刚　勾　悦　王　伟

前言

《中国研究生教育质量年度报告（2016）》（以下简称《质量报告（2016）》）是具有研究性质的、我国第 5 部研究生教育质量年度报告。报告坚持以“年度”和“质量”为核心主题词，从多角度、多层面研究了我国 5 年来的研究生教育质量，力求科学、客观地反映 2015 年度我国研究生教育质量。

为了让公众更加便捷、生动、直观地了解我国研究生教育质量的主要状态，研究生教育质量编研组在《质量报告（2016）》基础之上，首次尝试性地编写出版了《六说中国研究生教育质量》。该版本以《质量报告（2016）》为内容来源，以“数”说、“事”说、“省”说、“生”说、“他”说、“十二五”说为维度，以图表为主要表现方式，从总体上客观地呈现了2015年及“十二五”时期我国研究生教育的概况，以飨广大读者。

本报告是一个精简版，如需详细地了解有关内容，请广大读者阅读《中国研究生教育质量报告（2016）》。

目录

一、“数”说中国研究生教育质量

（一）研究生教育的 6 个数 / 01

（二）研究生教育质量大数据 /05

二、“事”说研究生教育质量

（一）九大热点——2015 年度研究生教育质量事件 /07

（二）热点单位——上海交通大学研究生教育 /08

（三）热点人物——中国科学技术大学潘建伟院士 /09

三、“省”说研究生教育质量

（一）人才培养大比拼 /10

（二）社会贡献大比拼 /14

Contents

四、“生”说研究生教育质量

（一）拿什么衡量研究生满意度 /16

（二）关爱满满的满意度调查结果 /18

五、“他”说研究生教育质量

外媒眼中的中国研究生教育 /25

六、“十二五”说研究生教育质量

（一）扒一扒“十二五”的那些事儿 /26

（二）国家会对研究生教育质量保障怎样洗牌？ /28

（三）“十二五”对提高研究生教育质量效果如何 /31

一、“数”说 中国研究生教育质量

（一）研究生教育的 6 个数

2015 年全国共有研究生培养单位 792 个，其中普通高校 575 个，科研机构 217 个。

2. 在校研究生数

2015 年，我国在校研究生总人数达 2 533 713 名。其中，在学研究生 1 911 406 名，在职攻读 587 508 名，研究生课程班 34 799 名（图 1.1）。在学研究生中，在学博士生 326 687 名，在学硕士生 1 584 717 名。

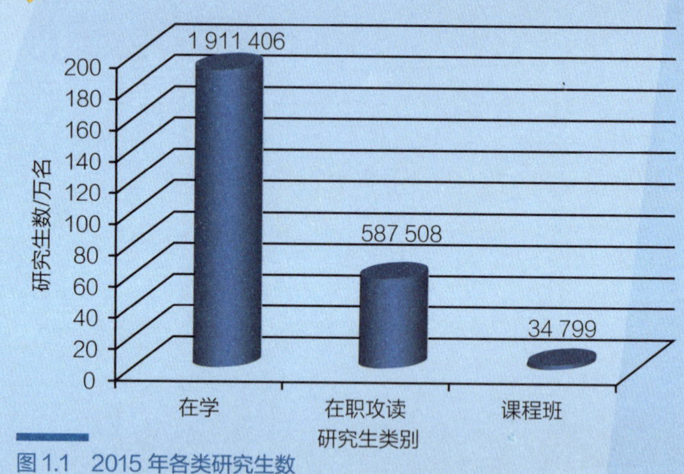

图 1.1　2015 年各类研究生数

3. 研招人数和学科招收比例

2015 年研究生招生数量共为 **645 055** 名。其中，招收博士生和硕士研究生分别为 **74 416** 名和 **570 639** 名。

2015 年分学科招收研究生比例详见图 1.2。

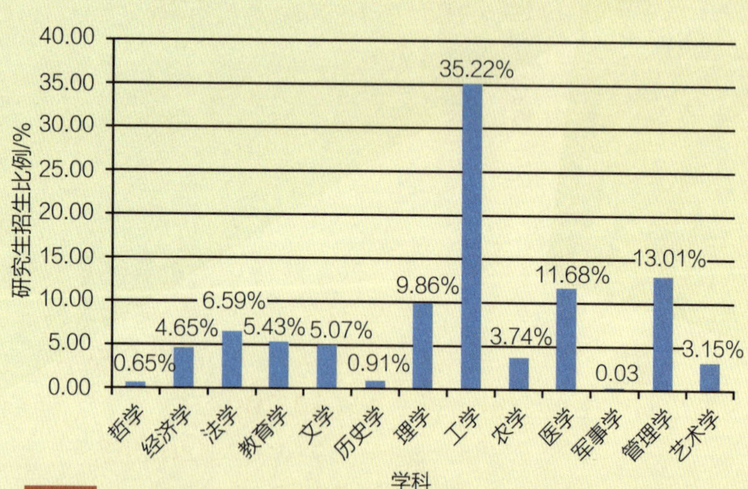

图 1.2　2015 年分学科研究生比例

4. 毕业生数

2015 年共毕业研究生 551 522 名，博士毕业生 53 778 名，硕士毕业生 497 744 名。

毕业博士生人数（ > 1 万名）的学科有工学、理学。毕业硕士生（ > 5 万名）的学科有工学、管理学和医学。

2015 年分学科毕业研究生具体情况比例如图 1.3 所示。

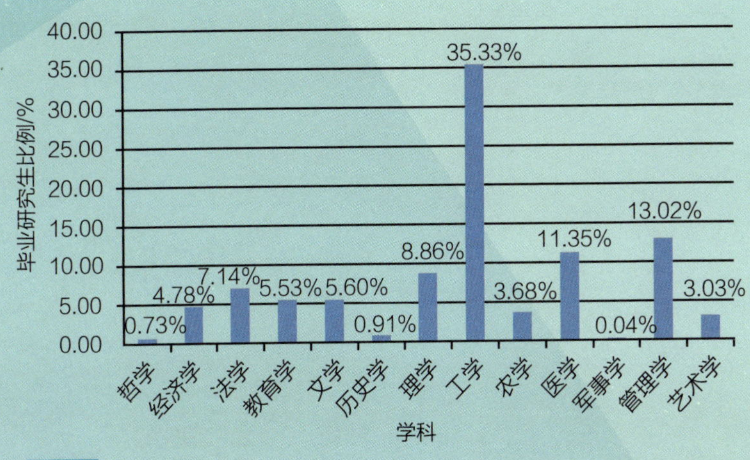

图 1.3　2015 年分学科研究生比例

5. 导师数

2015 年全国有研究生指导教师 363 218 名，其中博士导师 14 844 名，硕士导师 276 629 名，博士、硕士导师 71 745 名。研究生导师比例见图 1.4。

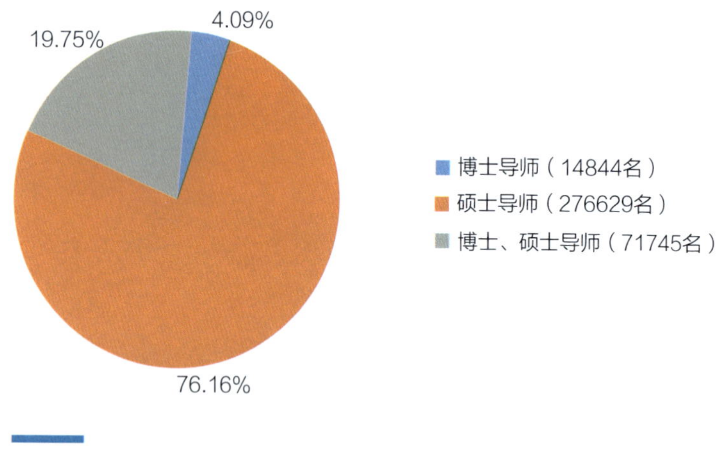

图 1.4　研究生导师比例

6. 来华攻读研究生学位人数

2015 年来华攻读研究生学位的有 53 572 人，比 2014 年增加 11.63%，其中：来华留学攻读学位的研究生在来华留学生中的占比为 13.47%，在来华接受学历教育留学生中的占比为 28.99%。

（二）研究生教育质量大数据

1. 直属高校研究生就业状况乖乖不动

根据2015届毕业生就业质量年度报告分析，37所有研究生总体就业率数据的高校中，具体情况如下：

就业率≥99%的大学占比为10.8%（4所）

北京邮电大学　华南理工大学　华东理工大学　北京科技大学

就业率在95%—99%（不包含99%）的大学占比为62.2%（23所）

北京化工大学　北京林业大学　国际关系学院　中国石油大学（北京）
湖南大学　中国政法大学　电子科技大学　中央戏剧学院
中国矿业大学（北京）　中南大学　华北电力大学　华中科技大学
东北师范大学　中国地质大学（武汉）　重庆大学　上海交通大学
大连理工大学　东北大学　西北农林科技大学　四川大学
上海外国语大学　合肥工业大学　南开大学

就业率<90%的大学占比为8%（3所）

北京语言大学　华中师范大学　陕西师范大学

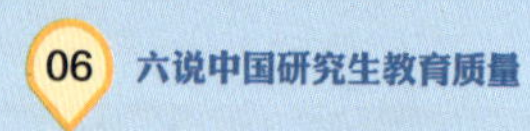

2. 研究生参与科技创新人数小蹦一下

国家自然科学基金委公布的 2015 年度报告显示：

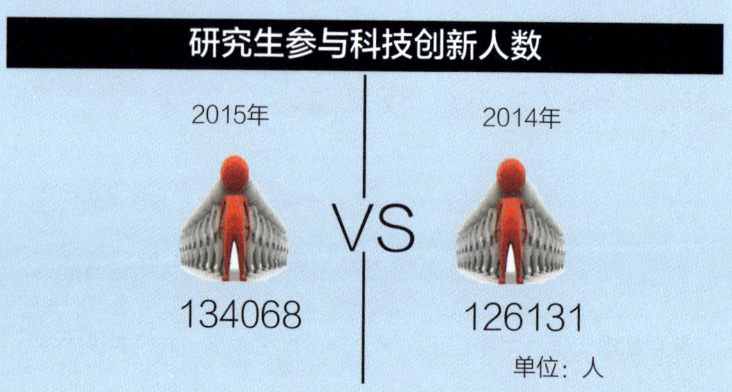

3. 专业学位招生人数扑向半壁江山

2015 年，专业学位研究生招生数 **>26** 万名，比例首次突破四成，接近一半。

（博士生 52 943 名，硕士生 81 125 名）（博士生 51 341 名，硕士生 74 790 名）

26万

在校专业学位研究生约 **67** 万名，占在校研究生数的 1/3。

67万

二、“事”说 研究生教育质量

（一）九大热点——2015 年度研究生教育质量事件

- 教育部学位管理与研究生教育司发出《关于开展深化专业学位研究生教育综合改革工作的通知》，继续深化改革
- 我国自2017年起将实施临床医学类专业学位研究生招生改革
- “工程硕士混合式教学项目”将发布首批在线课程
- 清华大学携手华盛顿大学和微软公司在美创建全球创新学院
- 中国高校首设信访博士培养方向，明年起招生
- 教育部：2016年硕士研究生招生考试作弊行为将被追究刑责
- 女博士因抄袭被撤销学位，状告北大要求恢复
- 2016研究生考试泄题，考生考前45分钟得答案
- 中国博士后制度改革：禁招领导干部在职进站从事博士后研究

（二）热点单位——上海交通大学研究生教育

上海交通大学作为我国最早开展研究生培养的单位之一，近年来在提高研究生教育质量方面持续采取诸多创新举措，收到了较好成效。

特别是 2015 年，该校从研究生招生体制、课程体系、质量监控制度等方面入手，大幅提升研究生教育人才培养质量的举措，值得借鉴。

上海交通大学提高研究生教育质量具体改革措施如下。

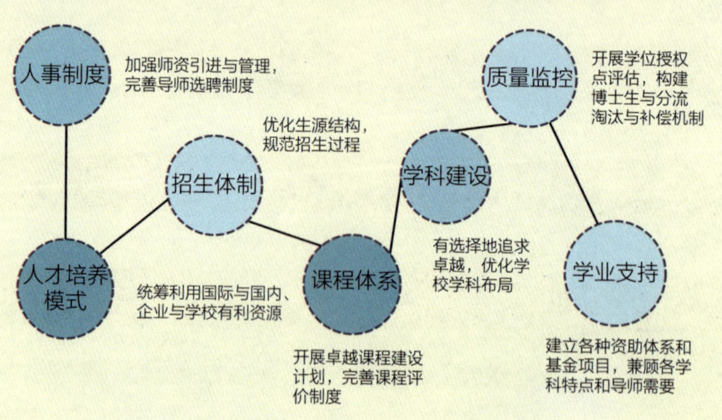

（三）热点人物——中国科学技术大学潘建伟院士

图 2.1　潘建伟院士

潘建伟院士在研究生培养中做了什么，培养出了一大批拔尖创新人才，取得了丰硕的研究成果？其秘笈可以归结为右边的六大法宝。

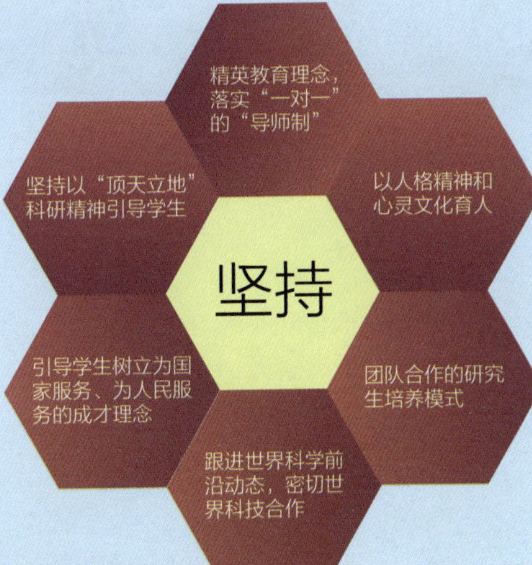

三、"省"说研究生教育质量

省说研究生教育质量部分基于客观、可比的指标体系，对各省、市、自治区研究生教育质量进行评价。

（一）人才培养大比拼

1. 人才培养的条件排名

（1）大学生人均 R&D 经费支出排名

生均研发（R&D）经费支出反映的是研究培养所具备的经费基础。生均支出越高，说明经费基础越牢固。生均 R&D 经费支出前 10 名省、自治区、直辖市如图 3.1 所示。

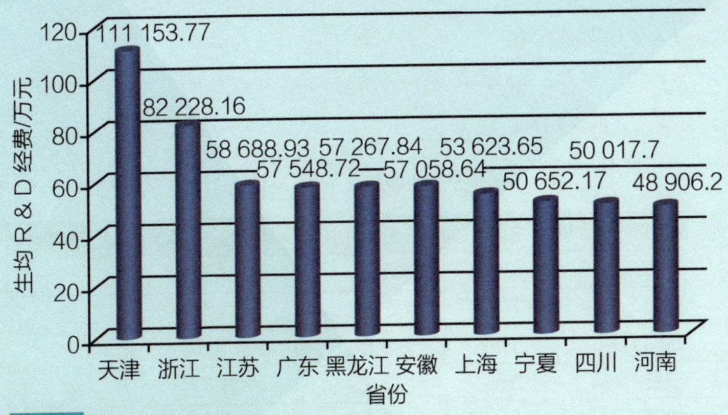

图 3.1 生均研发经费前 10 名省份

（2）竞争性科研项目情况排名

竞争性科研项目情况主要考察各省在自然科学基金和社会科学基金获得数（表 3.1）。

（3）学科平台水平排名

主要考察进入 ESI 排名前 10% 的学科数和进入第三轮学科评估前 10% 的学科数最优的前 10 名（表 3.2）。

表 3.1 自然基金与社科基金获得数排名

省份	排名
上海	1
北京	2
江苏	3
湖北	4
广东	5
浙江	6
山东	7
湖南	8
陕西	9
四川	10

表 3.2 学科数最优前 10 名

省份	排名
浙江	1
上海	2
北京	3
湖北	4
天津	5
江苏	6
广东	7
安徽	8
山东	9
湖南	10

（4）生师比排名

生师比越小，说明该省份师资数量较多（表 3.3）。研究生稀少的省域师资力量相对较为充足。

表 3.3 生师比前 10 名的省份

省份	博士生师比	硕士生师比	研究生生师比	排名
河南	1.49	3.31	3.38	1
青海	0.77	3.56	3.49	2
海南	1.12	3.53	3.7	3
宁夏	1.95	3.73	3.77	4
新疆	1.96	4.05	4.16	5
山东	3.12	3.87	4.32	6
江西	1.73	4.26	4.37	7
广西	1.84	4.26	4.37	
贵州	2.75	4.31	4.42	9
河北	2.94	4.4	4.58	10

2. 人才培养成果排名

（1）研究生参与科研项目经历的比率排名（表 3.4）

表 3.4 研究生参与科研经历排名

省份	在校研究生有科研项目参与经历的比率 /%		排名
	人文社科	理工农医	
浙江	27.15	96.89	1
四川	28.62	62.01	2
天津	25.54	72.01	3
云南	13.77	108.86	4
广东	15.04	103.35	5
江苏	22.03	72.49	6
宁夏	9.74	106.46	7
湖南	17.37	67.73	8
甘肃	19.97	53.31	9
贵州	3.42	102.89	10

（2）研究生全国性竞赛获奖数排名

在学研究生获得各类国家级竞赛奖励是反映各省人才培养效果的重要方面之一（表3.5）。

表3.5 研究生获得各类国家级竞赛奖励排名

省份	排名
江苏	1
上海	2
陕西	3
湖北	4
北京	5
广东	6
浙江	7
四川	8
辽宁	9
湖南	10

（3）研究生学位论文质量排名

学位论文质量是衡量研究生培养成效的重要指标，因此，通过博士学位论文的抽检合格率可以反映考察各省的学位论文质量（表3.6）。

表3.6 博士论文抽检合格率排名

省份	合格率/%	排名
广西	100	1
海南	100	
贵州	100	
青海	100	
福建	98.39	5
上海	98.31	6
新疆	97.62	7
重庆	97.32	8
陕西	97.32	
江苏	97.28	10

（4）研究生培养成果获奖情况排行榜

研究培养过程中积累的优秀经验也是研究生教育质量的重要体现。通过比较获得中国学位与研究生教育优秀成果奖（教育实践类）来确定排名情况（表 3.7）。

表 3.7 获中国学位与研究教育优秀成果奖排名

省份	特等奖	一等奖	二等奖	排名
北京	0	3	13	1
上海	1	0	5	2
江苏	0	1	5	3
天津	0	1	0	4
黑龙江	0	1	0	5
浙江	0	1	0	6
安徽	0	1	0	7
湖南	0	0	1	8
重庆	0	0	1	9
湖北	0	0	1	10

（二）社会贡献大比拼

研究生教育对社会的贡献主要体现在两个方面：一是提高人口素质和社会的文明程度；二是进入劳动力市场后推动经济的增长。

与 2013 年相比，2014 年各个省、直辖市就业人口研究生及以上学历占比也发生了变化，按比例变化大小进行排名情况见图 3.2。

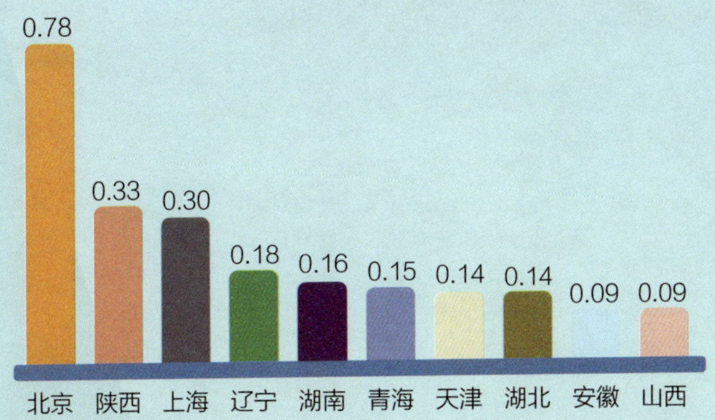

图 3.2　2014 年各省、直辖市就业人口研究生及以上学历者比例变化

研究生人力资本对经济增长的贡献率排行榜		
1	北京	3.02%
2	辽宁	2.08%
3	陕西	1.96%
4	青海	1.18%
5	山西	1.17%
6	湖南	0.98%
7	上海	0.89%
8	湖北	0.79%
9	内蒙古	0.78%
10	安徽	0.67%

2014 年各省、自治区、直辖市研究生人力资本对经济增长的贡献率排行榜（前 10 名）

四、“生”说
研究生教育质量

（一）拿什么衡量研究生满意度

2016 年研究生满意度调查沿用了 2015 年的研究生满意度调查问卷。问卷内容主要由以下几个部分构成。

背景信息	研究生的性别、培养单位类型、学科领域、学位层次、学位类型及年级等背景信息
总体满意度	研究生对研究生教育的总体满意度及对课程教学、科学研究、导师指导、管理服务等主要环节和方面的总体满意度
对课程教学方面满意度	包括对课程体系、课程前沿性、教师教学水平、教学方法以及课程教学效果等的具体评价
对科研训练满意度	包括研究生在读期间参与科研项目的数量，对所参与项目的学术含量的评价，对科研训练在提升自身创新能力。学术素养、实践能力、学习能力和就业竞争力等方面的作用的评价，对所获得的科研补贴与支持的满意度等
对导师指导满意度	包括对导师的学术水平、道德修养、指导频率和时间、指导水平以及对导师在学术兴趣。专业知识、科研能力、治学态度和道德修养等方面对自己的影响程度的评价
对培养单位管理服务满意度	包括对培养单位提供的奖学金和"三助"岗位，学校的食堂、住宿和图书馆，学术交流与就业指导服务等方面的评价
针对专业学位研究生的满意度调查	包括专业学位研究生校外导师、参与专业实践的情况，以及对校外导师指导与专业实践的评价

（二）关爱满满的满意度调查结果

1. 研究生总体满意度

研究生对研究生教育的总体满意率达到 70.7%

（1）不同性别群体相比

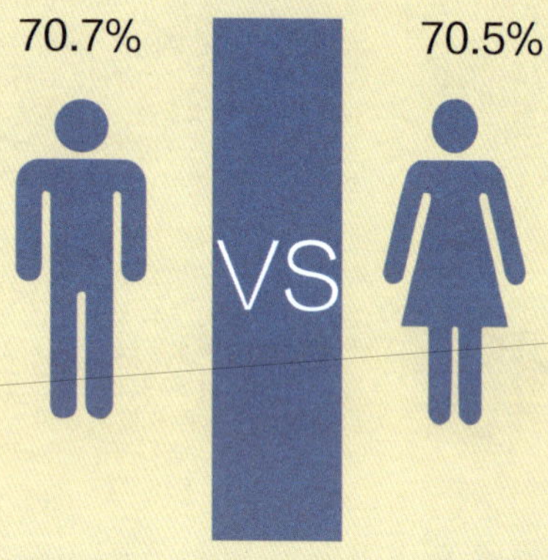

（2）各类培养单位相比

（3）各学科门类学术学位研究生总体满意率比例

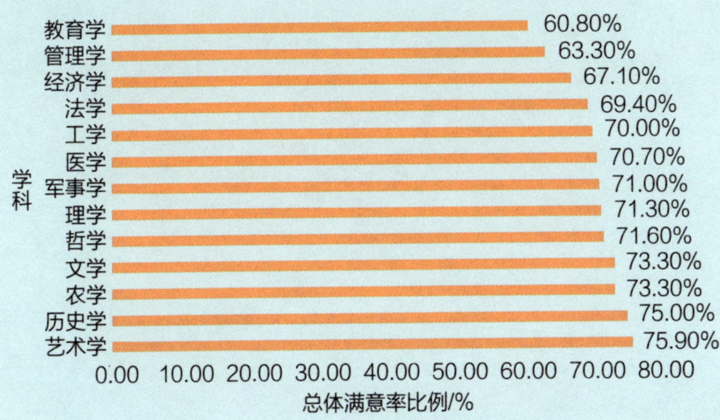

图 4.1 各学科学术学位研究生总体满意率比例

（4）博士生与硕士生的总体满意率对比

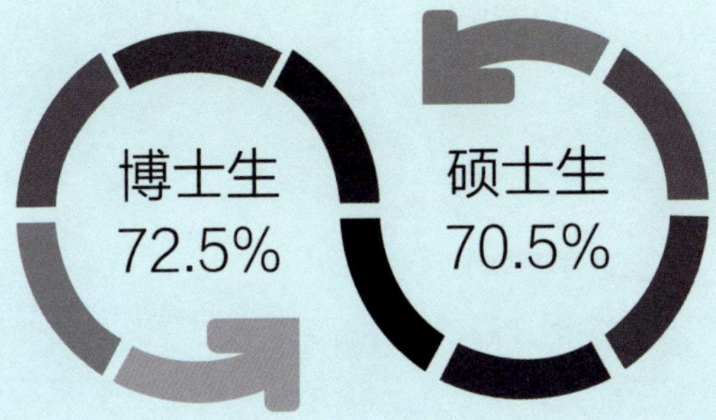

2. 课程教学满意度

研究生对课程教学的满意率为70.6%。

课程教学的满意率为
70.6%

（1）在各类培养单位中，满意度最高和最低的分别是科研单位和“211”高校。

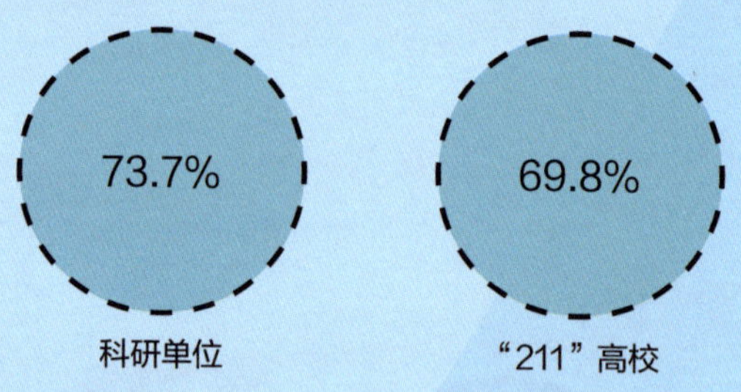

（2）研究生对课程体系合理性的评价相对偏低，满意率只有64.1%，低于对课程教学的总体评价。

（3）研究生对课程前沿性的评价也低于对课程教学的总体评价，满意率只有63.7%。

（4）研究生对教师教学水平的评价较高，但对教师教学方法的评价偏低；有77.4%的研究生对教师的教学水平表示满意，但仅有69.5%的研究生对教师的教学方法表示满意。

3. 科研训练满意度

研究生对科研训练的满意率为 **70.0%**（图 4.2）。

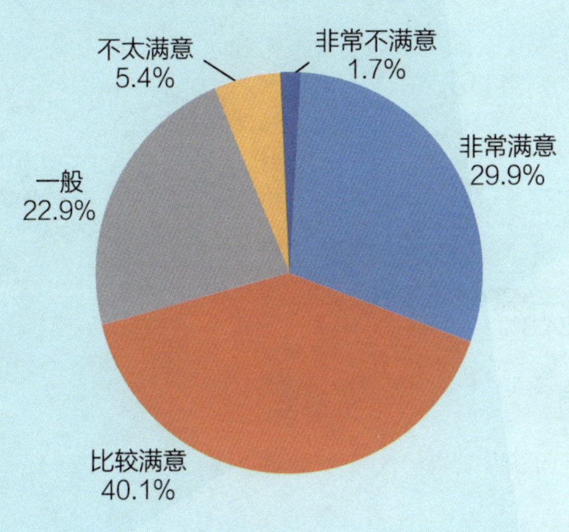

图 4.2　研究生对科研训练的满意率

（1）在各类培养单位中，科研院所研究生满意度最高，达 75.8%；"211" 工程高校研究生最低，仅 68.0%。

（2）就培养层次而言，博士生对科研训练的满意度高于硕士生，满意率分别是 78.9% 和 68.7%。

（3）研究生对参与科研项目的学术含量评价较低，表示参与科研项目的学术含量"很高"或"较高"的比例为 60.5%。

4. 指导教师满意度

研究生对指导教师的满意率为 83.9 %。对指导教师的满意度不仅远高于总体满意度，也高于对课程教学、科研训练、管理与服务等研究生教育各主要方面的满意度（图 4.3）。

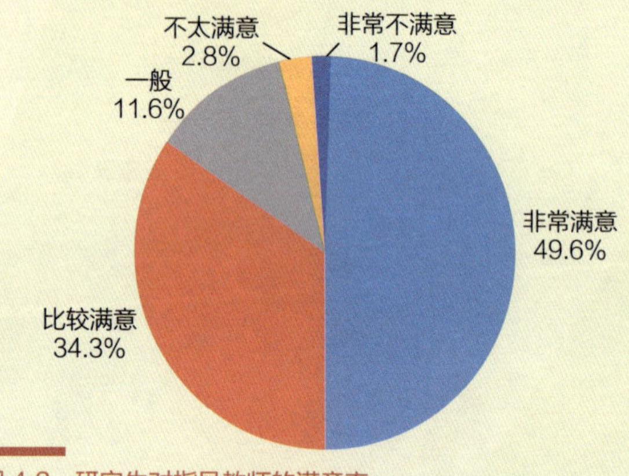

图 4.3 研究生对指导教师的满意率

5. 管理与服务满意度

研究生对管理与服务的满意率为 69.2%，比总体满意度低 1.5 百分点（图 4.4、图 4.5）。

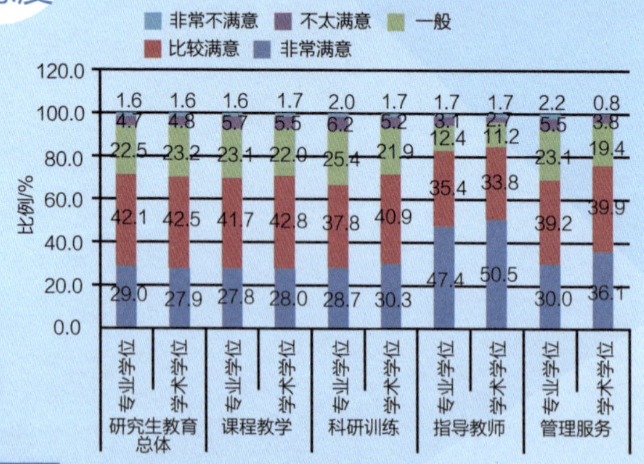

图 4.4 研究生对管理与服务满意率

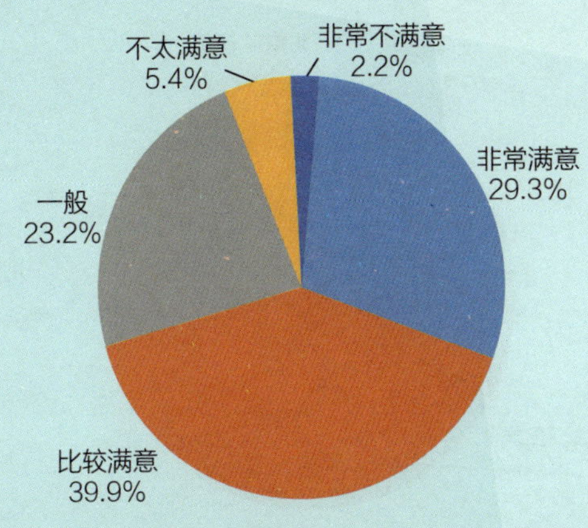

图 4.5 研究生对管理与服务的满意度

在培养单位管理与服务各子项中，研究生对图书馆的满意度相对较高（满意率为 74.8%）；对学生管理、"三助"岗位、学术交流以及奖学金方面的满意度超过了 60%；研究生对就业指导与服务、宿舍和食堂的满意度较低，满意率分别只有 56.4%、55.0% 和 52.9%，其中对食堂的满意度最低。

6. 专业学位研究生满意度

（1）专业学位研究生对研究生教育的总体满意度高于学术学位研究生。两者总体满意率分别为 71.2% 和 70.4%。但专业学位研究生对课程教学、科研训练、指导教师、管理与服务方面的满意度均低于学术学位研究生。

（2）在拥有校外导师的专业学位研究生中，有 76.2% 对校外导师表示满意，满意度见图 4.6。

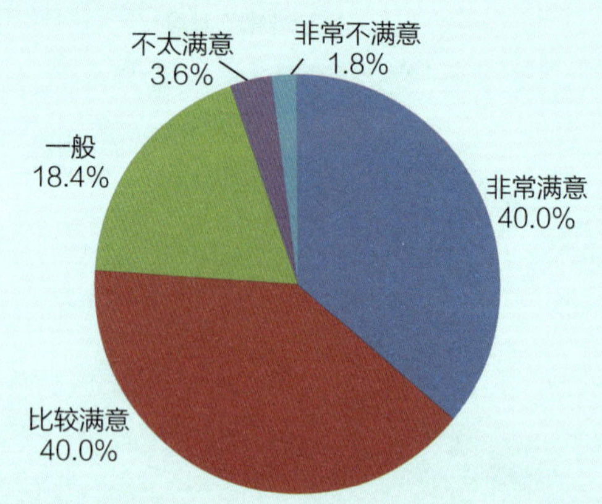

图 4.6　专业学位研究生对校外导师的满意度

（3）在进入实践基地的专业学位研究生中，有 80.9% 对自己在实践基地的专业实践表示满意（图 4.7）。

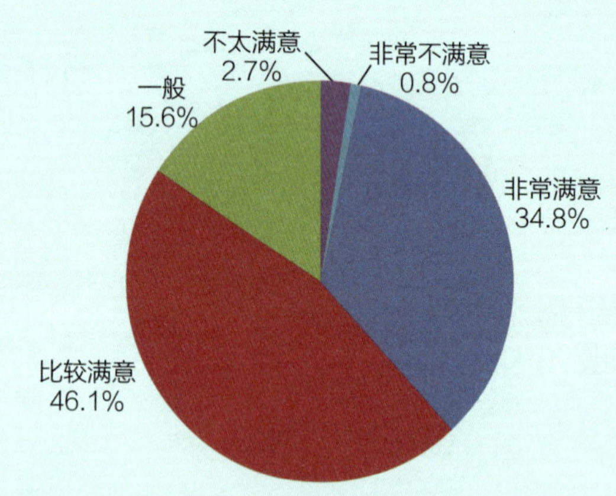

图 4.7　专业学位研究生对专业实践的满意度

五、“他”说研究生教育质量

外媒眼中的中国研究生教育

中国高校在世界大学排名中崭露头角

中国大学可以提供的资源越来越优质，但缺创造性思维

中国建成一流大学的方向不明确

不平等的高等教育系统、过度的官僚主义体制和狭隘的学术思维阻碍了中国高等教育的发展

六、“十二五”说 研究生教育质量

（一）扒一扒“十二五”的那些事儿

1. 招生人数稳中有增

2011—2015 年，硕士生招生从 494 609 名增长到 570 639 名，增长了 15.4%；博士生招生规模从 65 559 名增长到 74 416 人，增长了 13.5%（图 6.1）。

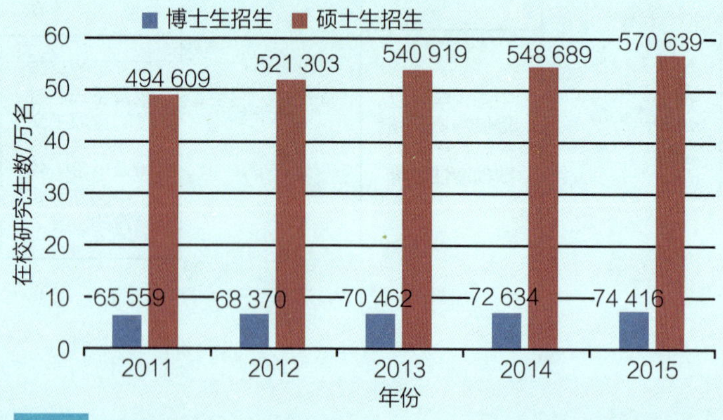

图 6.1　2011—2015 年在校研究生数

2. 研究生导师数量稳定增长

研究生导师数量从 2011 年的 **272 487** 名增长到 2015 年的 **363 218** 名，增长了近四成，增长幅度与在校研究生的增幅呈正相关关系（图 6.2）。生师比从 2011 年的 6 : 1，下降到 5.3 : 1。

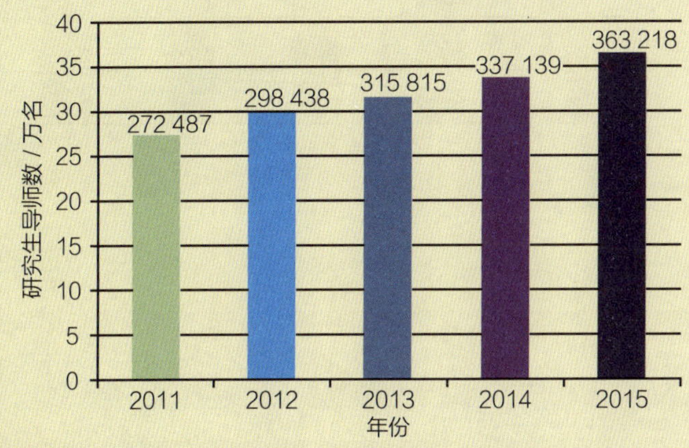

图 6.2　2011—2015 年在校研究生导师增长情况

从研究生导师的职称结构比例见图6.3。

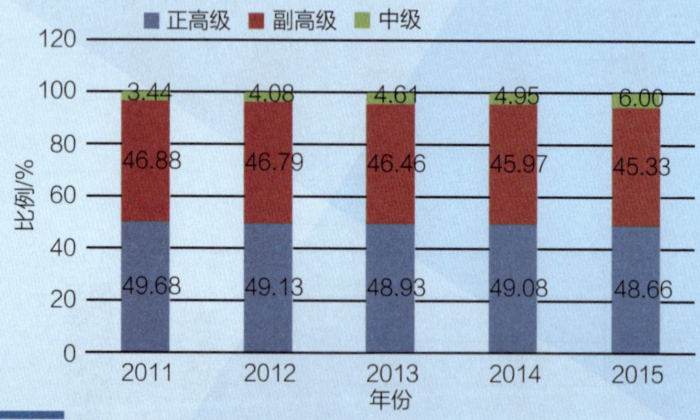

图6.3　2011—2015年研究生导师职称比例

（二）国家会对研究生教育质量保障怎样洗牌？

1. 改改改，要怎么深化改革

研究生教育综合改革《关于深化研究生教育改革的意见》

推进培养机制改革《关于全面提高高等教育质量的若干意见》

专业学位研究生教育综合改革试点《关于深入推进专业学位研究生培养模式改革》

2. 图图图，哪种制度路线图

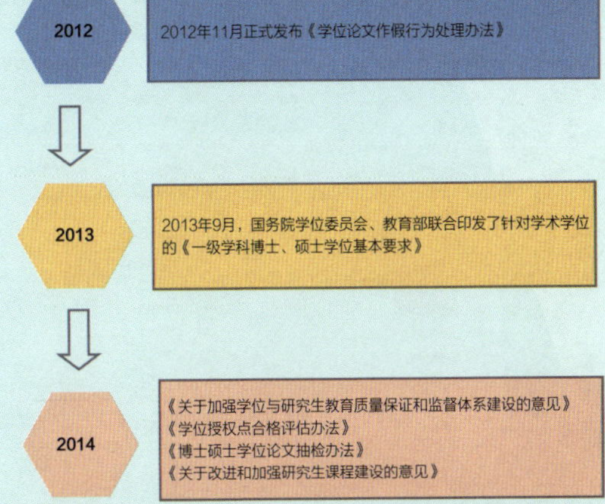

3. 做做做，得什么战略部署

全国研究生教育质量工作会议暨国务院学位委员会第三十一次会议于 2014 年 11 月 5 日在北京召开。国务院副总理刘延东提出了全面提高研究生教育质量的战略部署。

4. 现现现，呈现什么样的成果

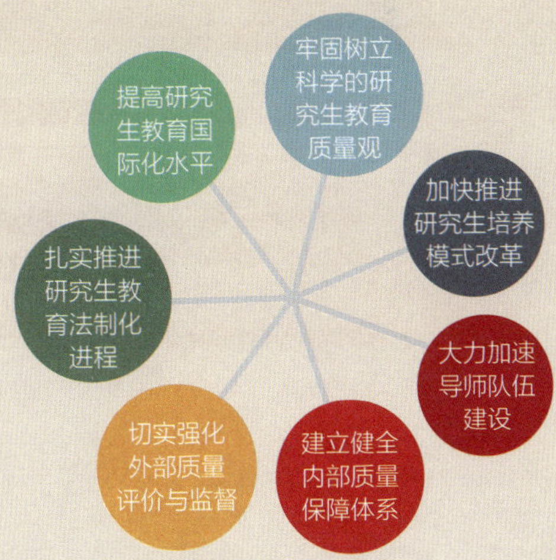

2012年全国高校学科评估结果

- 人文社科类
- 理学
- 工学
- 农学
- 医学
- 管理学
- 艺术学

0101 哲学
0201 理论经济学
0202 应用经济学
0301 法学
0302 政治学
0303 社会学
0304 民族学
0305 马克思主义理论
0401 教育学
0402 心理学
0403 体育学
0501 中国语言文学
0502 外国语言文学
0503 新闻传播学
0601 考古学
0602 中国史
0603 世界史

0101 哲学

本一级学科中，全国具有"博士一级"授权的高校共38所，本次有32所参评；还有部分具有"博士二级"授权和硕士授权的高校参加了评估；参评高校共计57所。注：以下得分相同的高校按学校代码顺序排列。

学校代码及名称		学科整体水平得分
10027	北京师范大学	83
10055	南开大学	79
10183	吉林大学	
10003	清华大学	78
10212	黑龙江大学	
10335	浙江大学	
10108	山西大学	76
10269	华东师范大学	
10286	东南大学	
10422	山东大学	
10610	四川大学	
10028	首都师范大学	73
10270	上海师范大学	

2013年起面向全国在校研究生开展
"全国研究生创新实践系列活动"

中国学位与研究生教育学会于2014年
设立"中国学位与研究生教育学会研
究生教育成果奖"

研究生教育质量定期年度报告：《教育部2012年工作要点》提出"建立研究生教育质量定期分析制度。"2013年下半年，上海大学、同济大学、华东师范大学等沪上高校先后发布了本校学位与研究生教育质量报告。上海市、福建省等省、自治区、直辖市学位与研究生教育管理部门纷纷推动建立省级层面研究生教育质量年度报告发布制度，国务院学位委员会办公室委托教育部学位与研究生教育

（三）“十二五”对提高研究生教育质量效果如何

1. 研究生整体满意度较高

通过 2012—2016 年针对近 9 万名在校研究生的满意度调查发现，培养过程的总体满意率保持较高水平，但是各个方面参差不齐（图 6.4）。

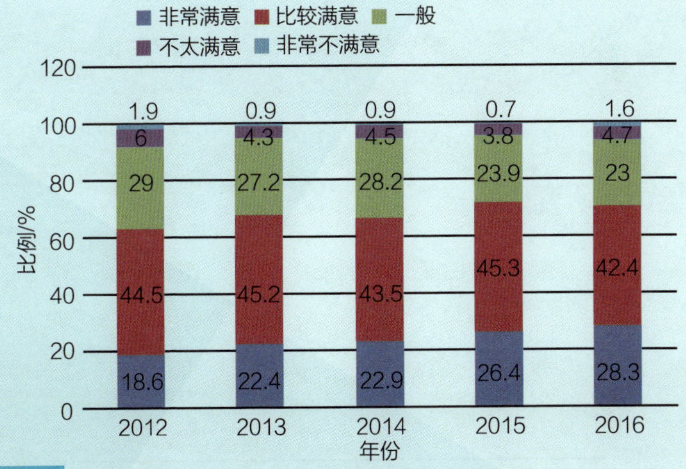

图 6.4　2012—2016 年研究生总体满意度

2. 研究生参与科研情况

2011 年以来，国家自然科学基金面上项目和重点项目参与人员构成中，研究生所占均在 50% 以上，且逐年增长；参与国家自然科学基金面上项目的研究生占在校研究生比例接近 6%，博士研究生参与人次占在校博士生的比例维持在 10% 左右；如果只以理学、工学、农学和医学四个学科门类的在校研究生来计算该比例要更高一些（图 6.5）。

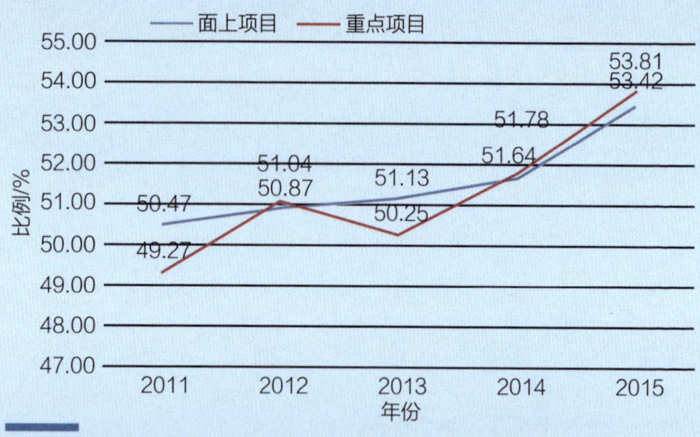

图 6.5　2012—2016 年研究生参与国家自然基金项目比例增长

3. 来华留学研究生快速增长

2011—2015 年，来华留学的博士生从 6 923 人增长到 14 367 人，硕士生从 23 453 人增长到 39 205 人。来华留学研究生在留学生总体中的比例逐年提高，从 10.38% 增长到 13.47%。留学研究生在来华接受学历教育的留学生中比例从 25.56% 提高到 28.99%。来华留学生的硕士生和博士生的比例基本稳定在 3 : 1 左右。

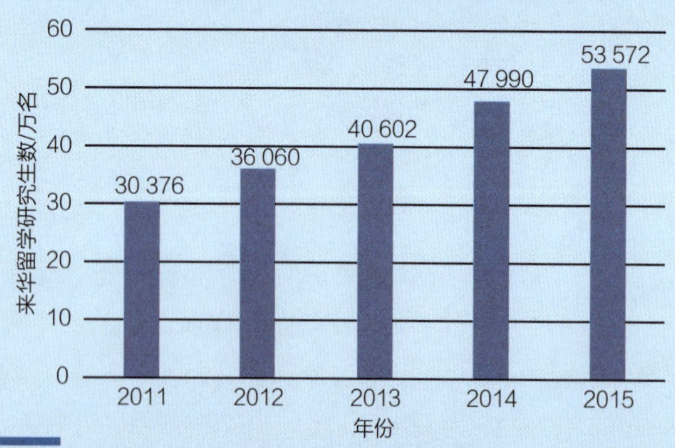

图 6.6　2012—2015 年来华留学研究生数变化

后记

2016 年是“十三五”的开局之年，我国研究生教育如何满足社会发展需求，如何判断我国研究生教育质量是社会公众普遍关注的热点问题。为了回应公众对 2015 年度及“十二五”时期我国研究生教育质量的关切，我们编研了《六说中国研究生教育质量》。

《六说中国研究生教育质量》通过运用大量数据，以简单、明了、直观的图表，阐明了 2015 年及“十二五”时期我国研究生教育的状况。报告尽量使用简洁活泼、通俗易懂、更加贴近生活的语言，使广大读者能够轻易读懂本报告。报告内容只是选取了《中国研究生教育质量年度报告（2016）》中的一部分。并将有关公式、深入分析的内容删除，用更加大众化的方式呈现我国研究生教育质量状态。

本书在编写过程中，按照主编王战军教授的思想，重构了本报告的架构，重新组织了报告的语言，以“六说”:“数”说、“事”说、“省”说、“生”说、“他”说、“十二五”说为维度，直观地表现了 2015 年度及“十二五”时期我国研究生教育质量状况。

本书的编写和出版，是中国研究生教育质量编研组集体劳动的结晶。在此，首先要感谢编研组全体成员的辛勤劳作和付出。感谢周文辉副主编在本报告的策划和组织方面所做的各项工作。感谢北京理工大学教育研究院李明磊老师，博士生乔刚，硕士研究生勾悦、王伟，为本报告的编写做了大量、繁琐的工作。同时，还要非常感谢中国科学技术出版社的王晓义主任，他为本报告的策划、编写出版和发行等付出了大量的努力和辛劳。

《六说中国研究生教育质量》的编研是我们编研组第一次尝试性工作，肯定存在诸多不足，恳请广大读者指正。同时，我们在今后工作中也会不断改进本书及《中国研究生教育质量年度报告（2016）》的编写水平，以更好地为广大读者服务，为推动我国研究生教育质量提高服务。